Piano / Vocal / Guitar

ALVIN AND THE CHIPMUNKS 2:
THE SQUEA...
Music from the Motion Pict...

Motion Picture Artwork, Photos and Fox Trademarks and Logos TM and © Twentieth Centry Fox Film Corporation. All Rights Reserved.
Alvin and the Chipmunks, the Chippettes and Characters TM & © 2009 Bagdasarian Productions, LLC. All rights reserved.
© 2009 Twentieth Century Fox Film Corporation. All rights reserved. Motion Picture Artwork,
Photos TM and © 2009 Monarchy Enterprises, S.a.r.l. and Regency Entertainment (USA), Inc.

ISBN 978-1-4234-9174-3

HAL•LEONARD®
CORPORATION
7777 W. BLUEMOUND RD. P.O. BOX 13819 MILWAUKEE, WI 53213

Visit Hal Leonard Online at
www.halleonard.com

5   **You Really Got Me**

8   **Hot N Cold**

15   **So What**

21   **You Spin Me Round
(Like a Record)**

25   **Single Ladies
(Put a Ring on It)**

32   **Bring It On**

40   **Stayin' Alive**

45   **The Song**

51   **It's OK**

57   **Shake Your Groove Thing**

64   **Put Your Records On**

69   **I Want to Know What Love Is**

73   **We Are Family**

81   **No One**

88   **Daydream Believer**

91   **In the Family**

99   **I Gotta Feeling**

YOU REALLY GOT ME

Words and Music by
RAY DAVIES

Girl, you real-ly got me go-ing, you got me
See, don't ev-er set me free,_____ I al-ways
See, don't ev-er set me free,_____ I al-ways

so I don't know what I'm do-ing._____
wan-na be by your side._____
wan-na be by your side._____

Yeah,
Girl,
Girl, you real-ly got me now. You got me

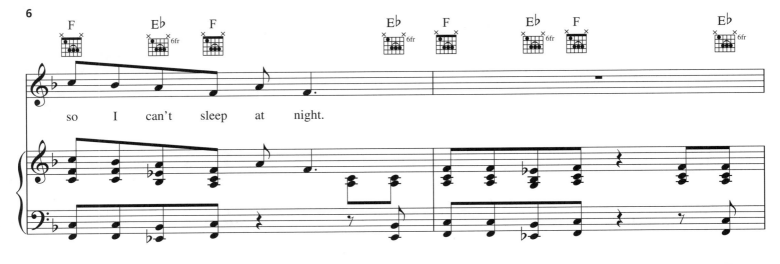

so I can't sleep at night.

Yeah, you real - ly got me now, you got me

so I don't know what I'm do - ing. _____ Oh

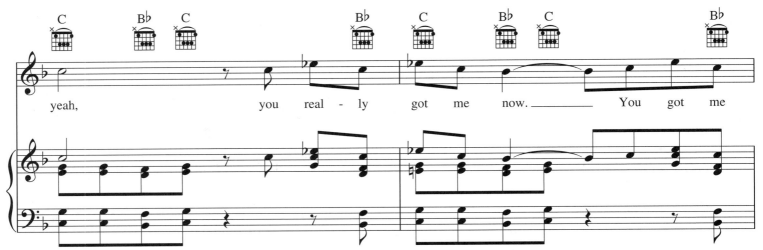

yeah, you real - ly got me now. _____ You got me

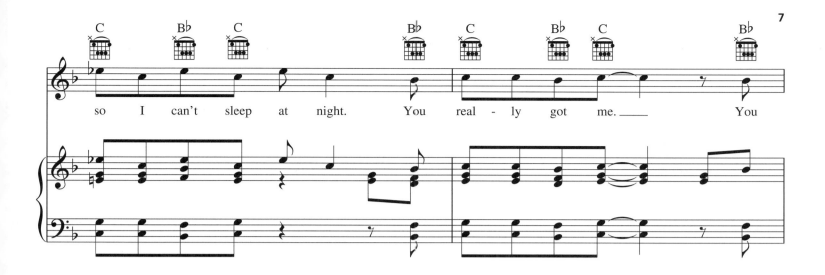

so I can't sleep at night. You real - ly got me. ____ You

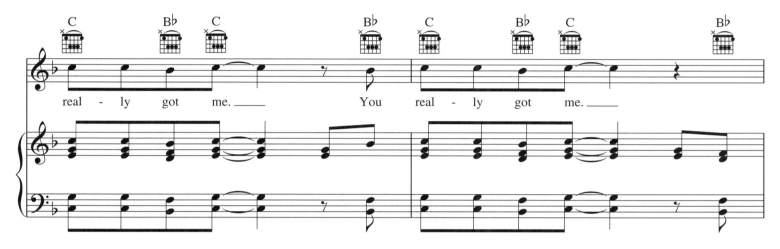

real - ly got me. ____ You real - ly got me. ____

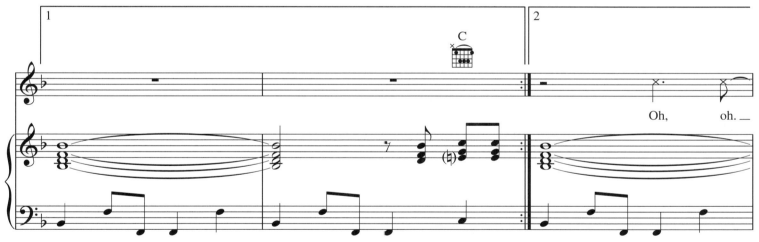

Oh, oh. ____

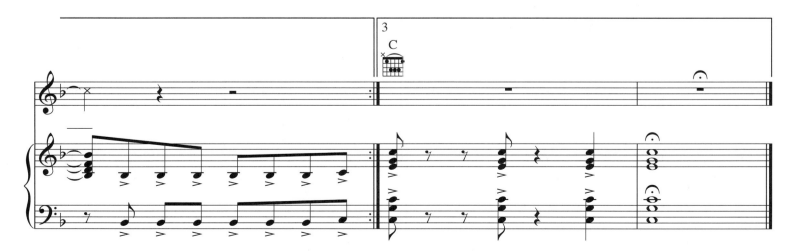

HOT N COLD

Words and Music by MAX MARTIN,
LUKASZ GOTTWALD and KATY PERRY

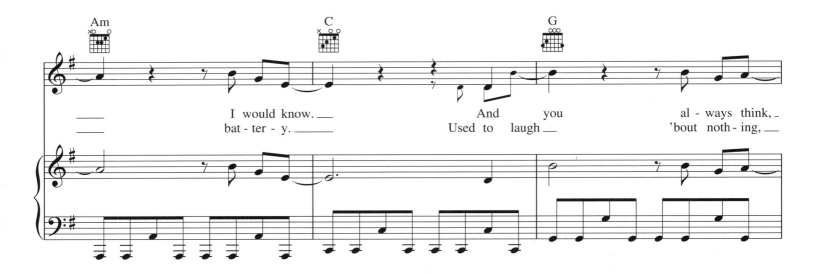

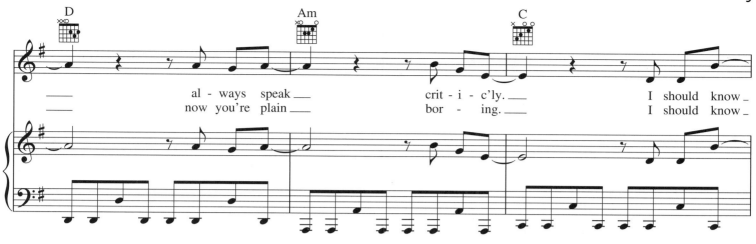

al - ways speak ___ crit - i - c'ly. ___ I should know ___
now you're plain ___ bor - ing. ___ I should know ___

that you're ___ not good ___ for me. ___
that you're ___ not gon - na change. ___

'Cause you're hot ___ then you're cold; you're yes ___

___ then you're no; you're in ___ then you're out; you're up ___

then you're down. You're wrong ___ when it's right; it's black ___

___ and it's white; we fight, ___ we break up; we kiss, ___

___ we make up. ___ You, you don't real-ly want to

stay, no, ___ you, ___ but you don't real-ly want to

go - o. _____ You're hot _____ then you're cold; you're yes _____ then you're no; you're in _____

_____ then you're out; you're up _____ and you're down. _____

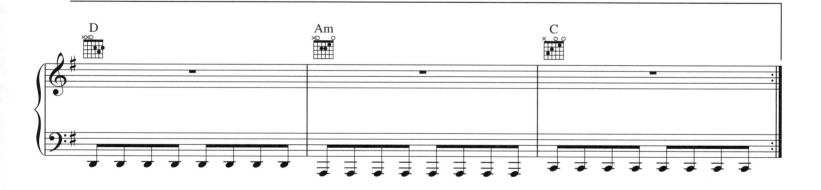

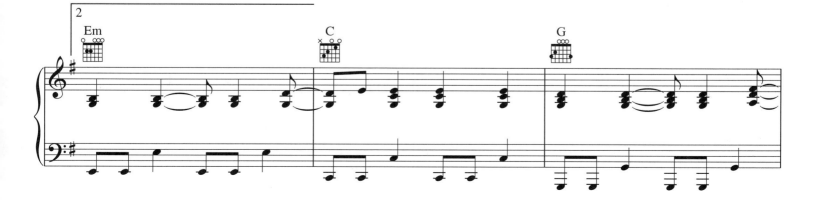

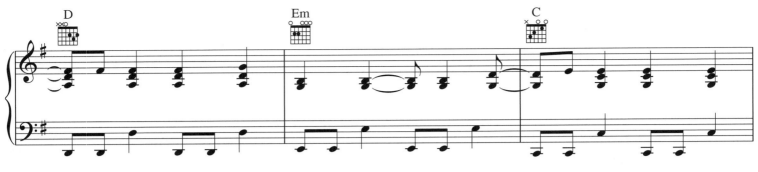

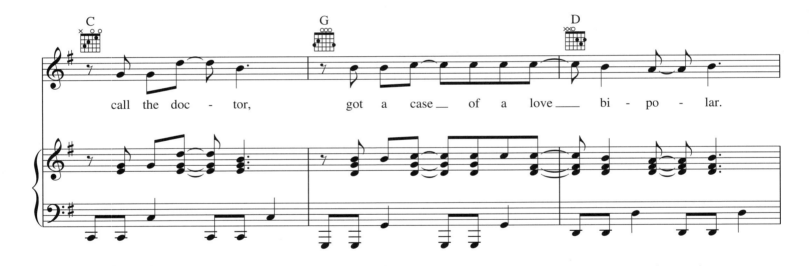

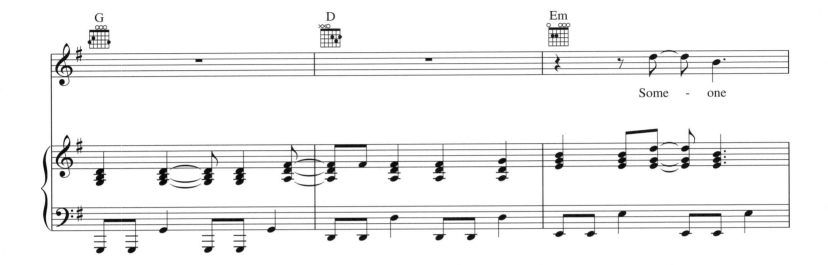

call the doc - tor, got a case __ of a love __ bi - po - lar.

Stuck on __ a rol - ler - coast - er, can't get off this ride. __

Some - one

You change your mind _

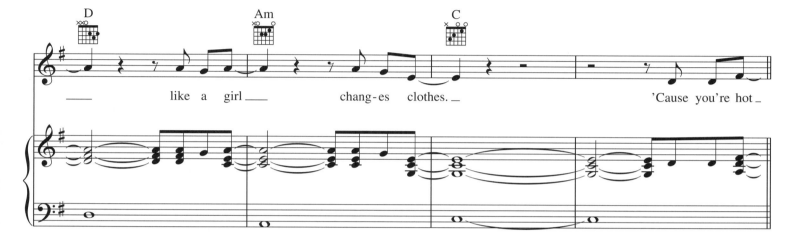

_ like a girl _ chang-es clothes. _ 'Cause you're hot _

_ then you're cold; you're yes _ then you're no; you're in _ then you're out; you're up _

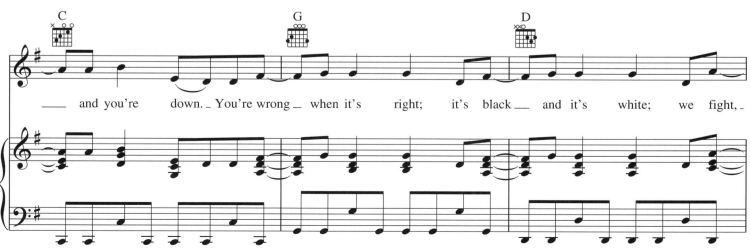

_ and you're down. _ You're wrong _ when it's right; it's black _ and it's white; we fight, _

SO WHAT

Words and Music by ALECIA MOORE,
MAX MARTIN and JOHAN SCHUSTER

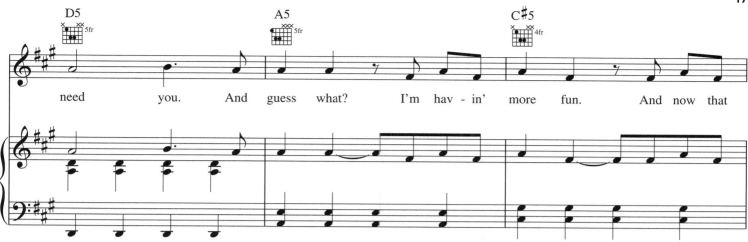

need you. And guess what? I'm hav-in' more fun. And now that

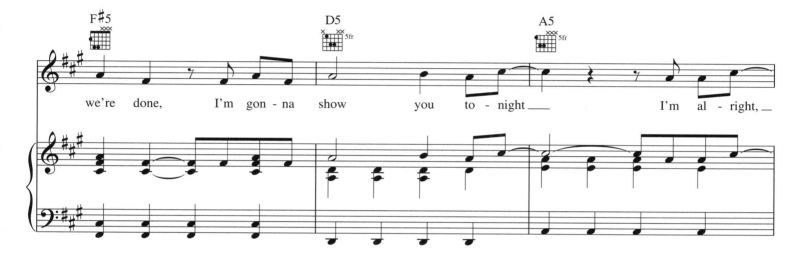

we're done, I'm gon-na show you to-night___ I'm al-right,___

___ I'm just fine,___ and you're a tool. So,_____

so what? I am a rock star. I got my rock moves and I don't

To Coda ⊕

want you to-night. ___ Uh, check my flow, uh. The

You were-n't there, ___

___ you nev - er were. ___ You want __ it all __ but that's __ not fair. ___

___ I gave __ you life, ___ I gave __ my all. ___ You were-n't there, ___

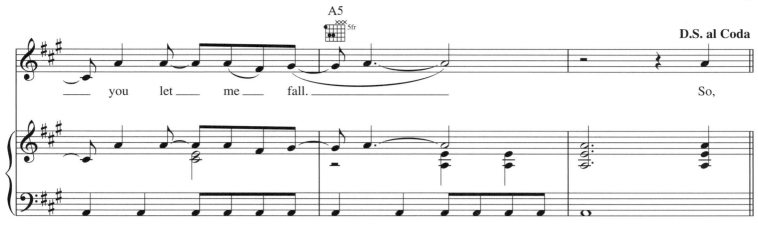

D.S. al Coda

__ you let __ me __ fall. _____ So,

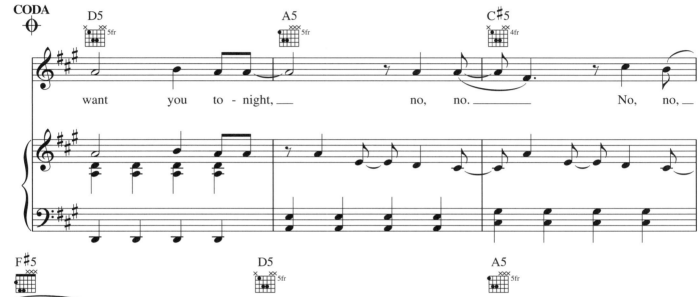

CODA

want you to-night, __ no, no. _____ No, no, __

_____ I don't want __ you __ to - night. __

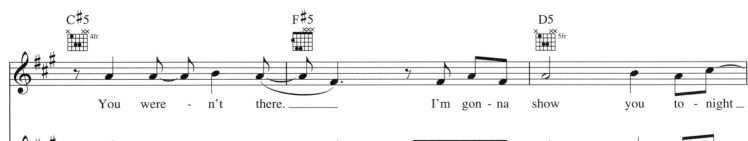

You were - n't there. _____ I'm gon - na show you to - night __

I'm al - right, ___ I'm just fine, ___ and you're a

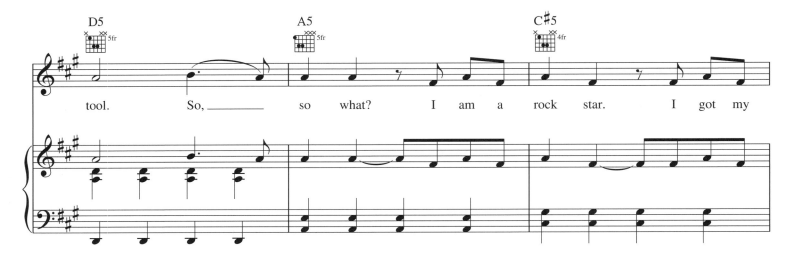

tool. So, _____ so what? I am a rock star. I got my

rock moves and I don't want you to - night. ___

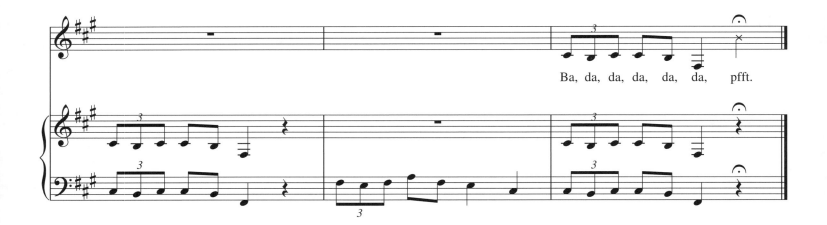

Ba, da, da, da, da, da, pfft.

YOU SPIN ME ROUND
(Like a Record)

Words and Music by PETER BURNS,
STEPHEN COY, MICHAEL PERCY and TIM LEVER

(1.) Yeah, I, _____
(2.) I,
(D.C.) I,
I got to know your name. _____
I set my sights on you. _____
I got to be your friend _____

_____ now, ba - by.
Well, and I _____
And I, _____
And I _____

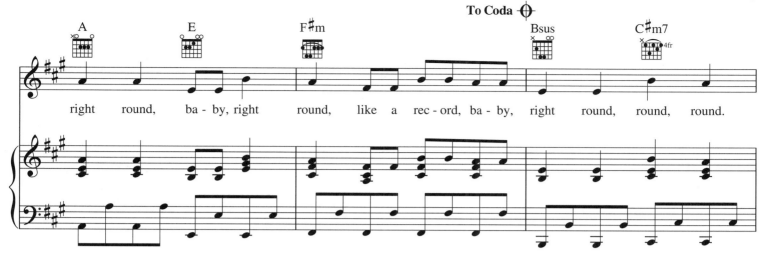

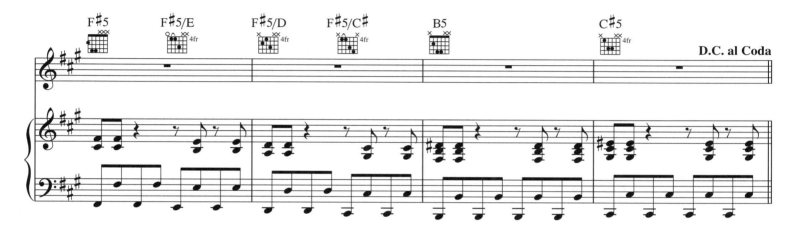

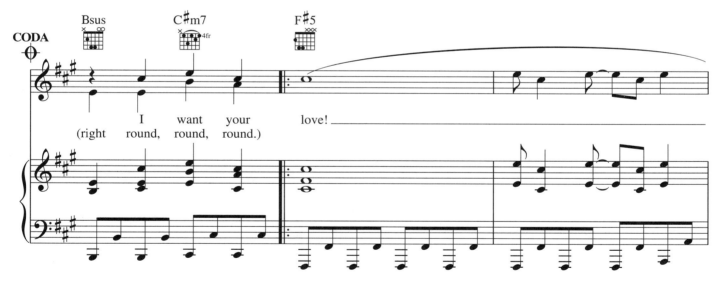

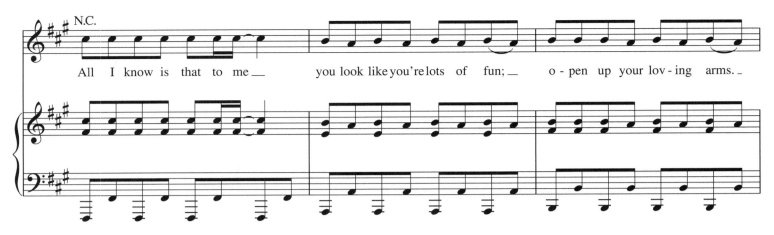

All I know is that to me __ you look like you're lots of fun; __ o - pen up your lov - ing arms. __

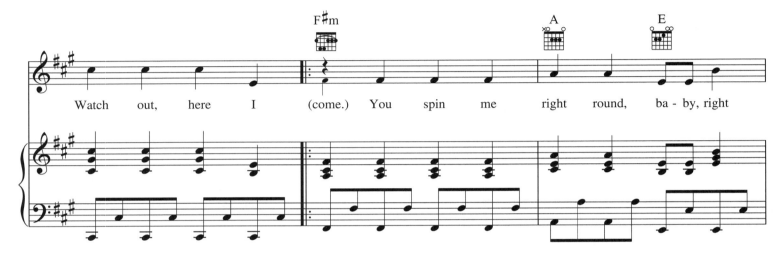

Watch out, here I (come.) You spin me right round, ba - by, right

round, like a rec - ord, ba - by, right round, round, round. You spin me

Repeat and Fade

right round, ba - by, right round, like a rec - ord, ba - by, right round, round, round.

SINGLE LADIES
(Put a Ring on It)

Words and Music by BEYONCÉ KNOWLES,
THADDIS HARRIS, CHRISTOPHER STEWART
and TERIUS NASH

Moderate groove

do - in' my own lit - tle thing. You de - cid - ed to dip and now you wan - na trip 'cause an-
tight - er than my De - re - on jeans. Act - in' up, drink in my cup,

oth - er broth - er no - ticed me. I'm up on him, he up on me. Don't
I can care less what you think. I need no per - mis - sion. Did I men - tion? Don't

pay him an - y at - ten - tion. Just cried my tears for three good years, you
pay him an - y at - ten - tion. 'Cause you had your turn and now you gon' learn what it

E5

can't be mad at me. 'Cause if you like it then you should have put a ring on it. If you
real - ly feels like to miss me.

is what __ I pre - fer, __ what __ I de - serve. _____ Here's a man __ that makes __

__ me __ then takes __ me __ and de - liv - ers me __ to a des - ti - ny, __ to in - fin -

- i - ty __ and be - yond. __ Pull me in - to your arms, __ say I'm __

__ the one __ you want. __ If you don't, ___ you'll be a - lone __ and like a ghost __

BRING IT ON

Words and Music by ALI DEE THEODORE
and JASON GLEED

It's time to make it hap - pen;
it's time to
New day for a new be - gin - ning;
feels like to the

make it last - ing.
A whole new chain re - ac - tion,
world is spin - ning.
And there's no choice but win - ning, it's

start - ing here with you.
what we got to do.

Well, now we know just what it

takes to be. To - geth - er, we are ev - 'ry - thing,

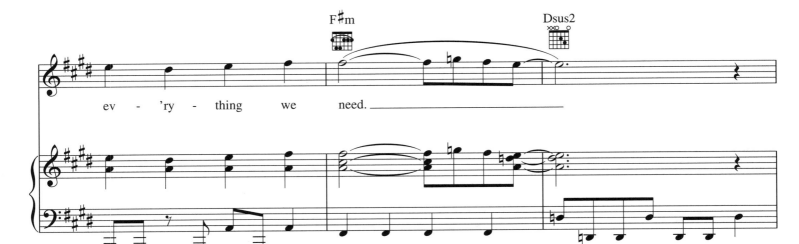

ev - 'ry - thing we need. _____

Come on, come on, come on, ___ come on and do it now. Get up, get up, get up, ___

___ get up and move your - self. Go on, go on, go on, ___

go on and do it yeah. Get up, get up, get up, ___

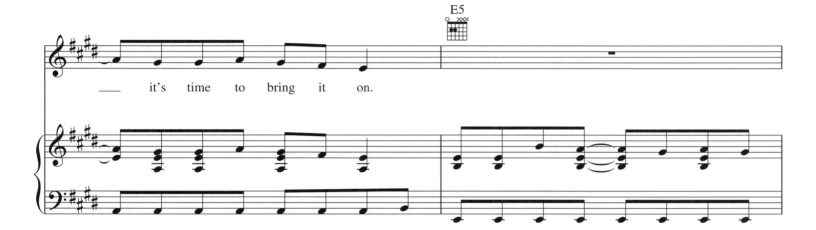

___ it's time to bring it on.

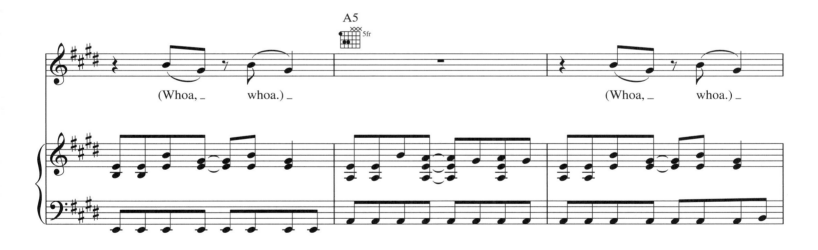

(Whoa, ___ whoa.) ___   (Whoa, ___ whoa.) ___

I know it's nev-er eas-y. Some days it

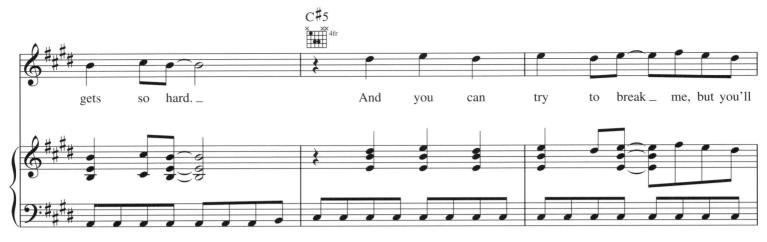

gets so hard. _____ And you can try to break _ me, but you'll

nev - er break _____ my heart. _____ But

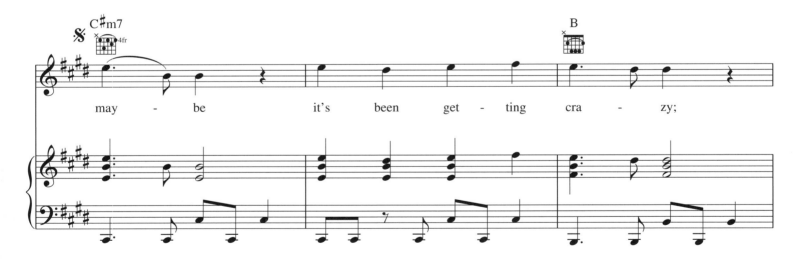

may - be it's been get - ting cra - zy;

but I know we're read - y to take on an - y-

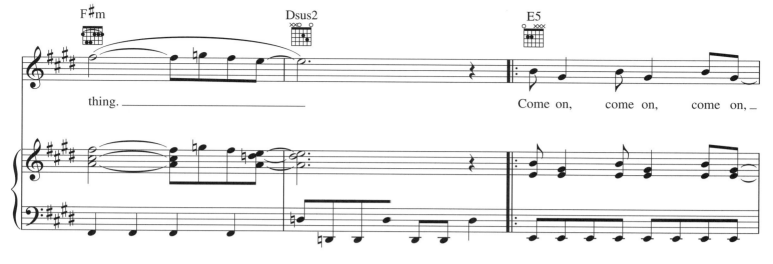

thing. _____ Come on, come on, come on, _

___ come on and do it now. Get up, get up, get up, ___

___ get up and move your-self. Go on, go on, go on, ___

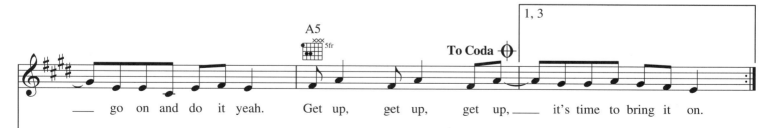

___ go on and do it yeah. Get up, get up, get up, ___ it's time to bring it on.

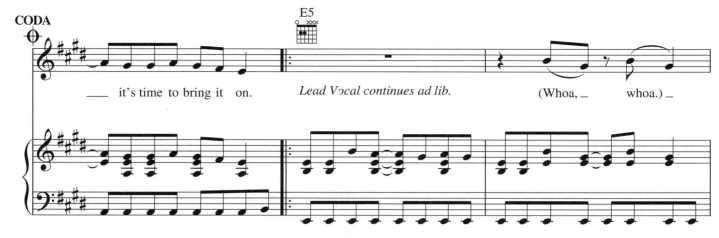

STAYIN' ALIVE

Words and Music by BARRY GIBB,
ROBIN GIBB and MAURICE GIBB

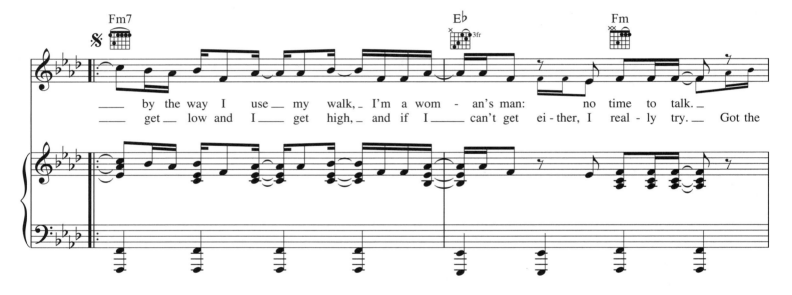

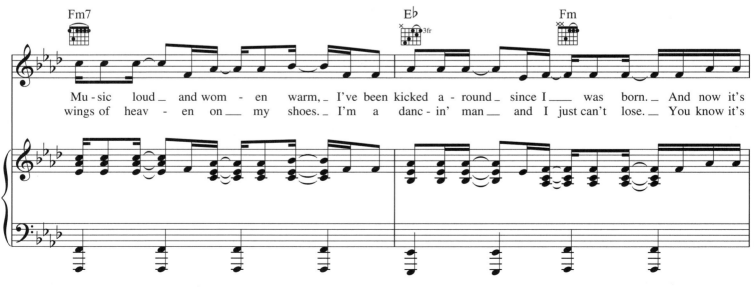

Ah, ha, ha, ha, stay-in' a-live,_ stay-in' a-live._ Ah, ha, ha ha,

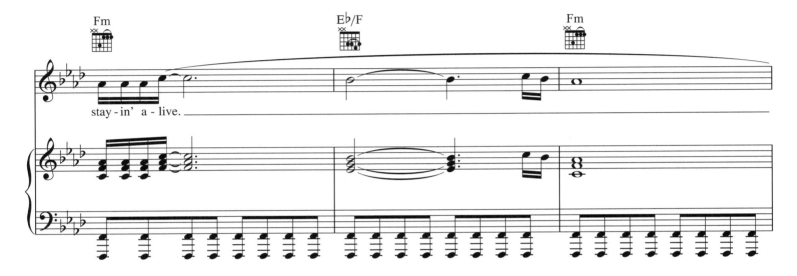

stay-in' a-live._

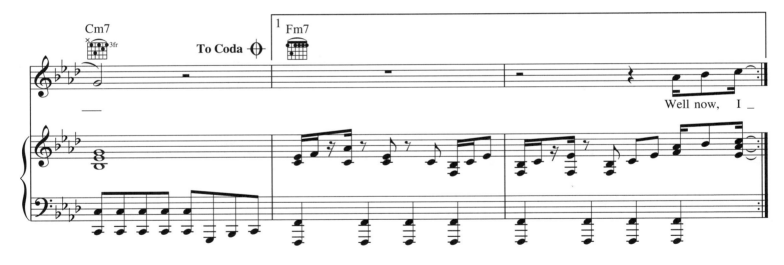

Well now, I _

Life go-in' no-where._

Some-bod - y help me. _____ Some-bod - y help _ me, yeah. _____

Life go - in' no - where. _____ Some-bod - y help _ me, yeah. _

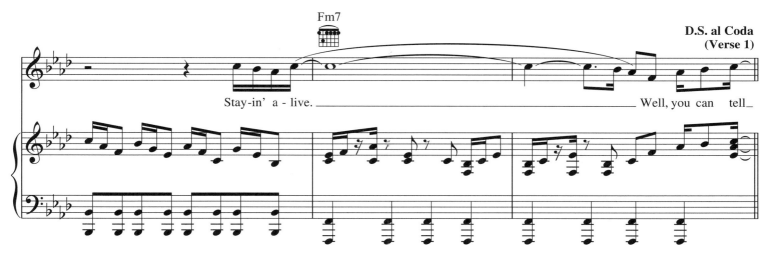

D.S. al Coda
(Verse 1)

Stay-in' a - live. _____ Well, you can tell_

CODA

Life go - in' no - where. _____ Some - bod - y help me. _____

Some - bod - y help _ me, yeah. _____

Life go- in' no - where. ____ Some - bod - y help _ me, yeah. _____ I'm stay - in' a - live. _

Repeat and Fade

THE SONG

Words and Music by ALI DEE THEODORE,
ALANA DA FONSECA, MICHAEL KLEIN
and JOHN McCURRY

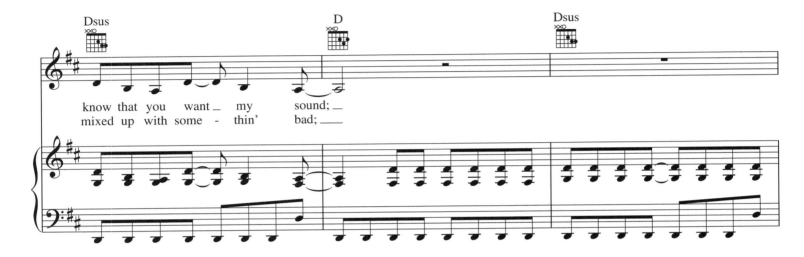

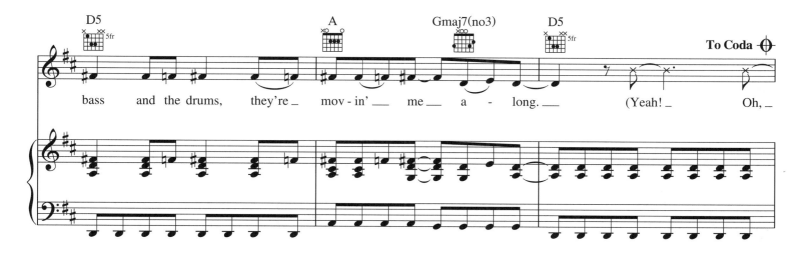

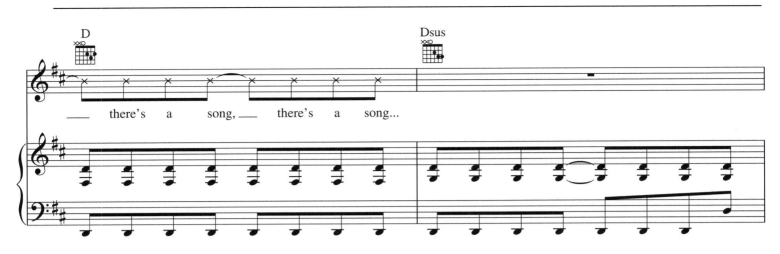

_there's a song, ___ there's a song..._

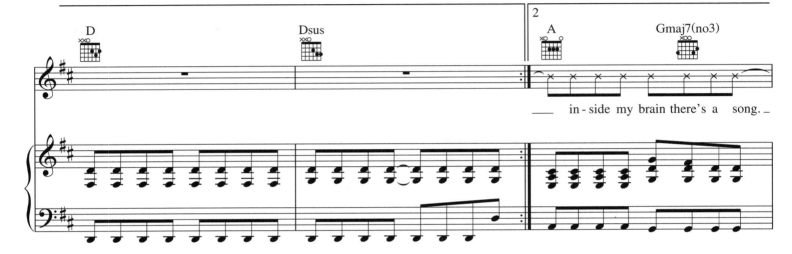

_in - side my brain there's a song. _

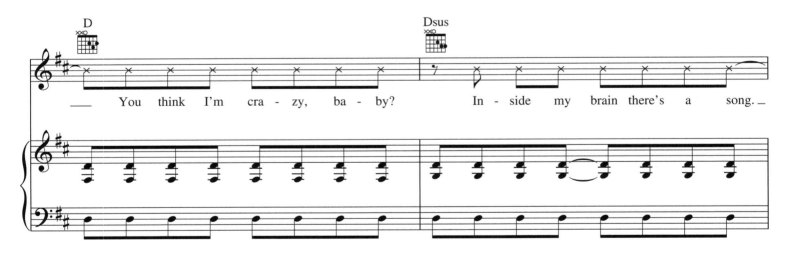

_You think I'm cra - zy, ba - by? In - side my brain there's a song. _

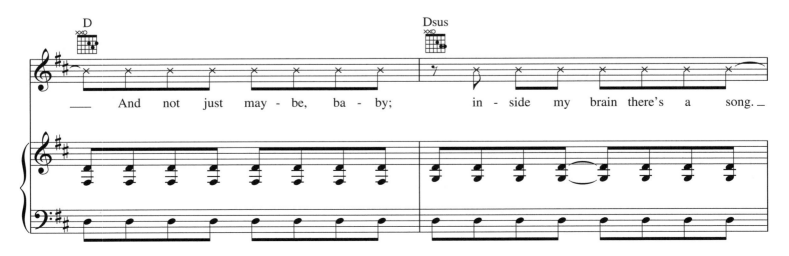

_And not just may - be, ba - by; in - side my brain there's a song. _

You think I'm out' my mind, in - side my brain there's a song, ___

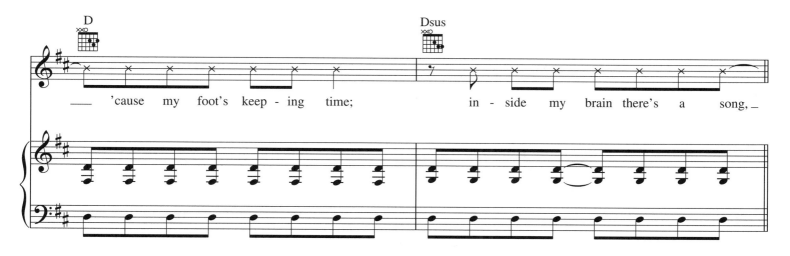

___ 'cause my foot's keep - ing time; in - side my brain there's a song, ___

___ there's a song, ___ there's a song, ___ there's a song, ___ there's a song, ___ there's a song, ___ there's a song, ___ (Oh,
(Oh, we'll bur - y you!)

D.S. al Coda

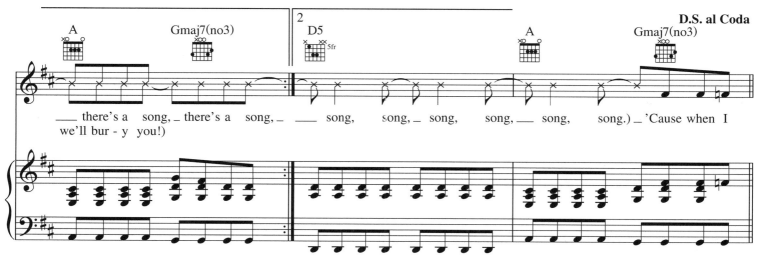

___ there's a song, ___ there's a song, ___ ___ song, song, ___ song, song, ___ song, song.) ___ 'Cause when I
we'll bur - y you!)

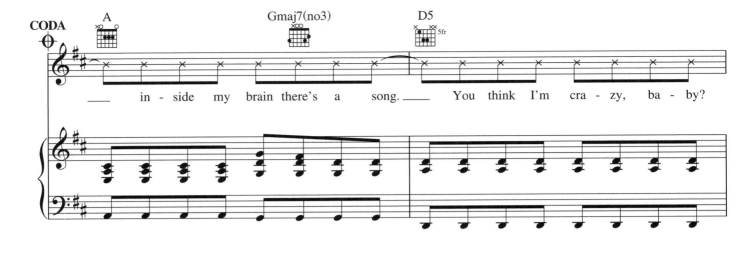

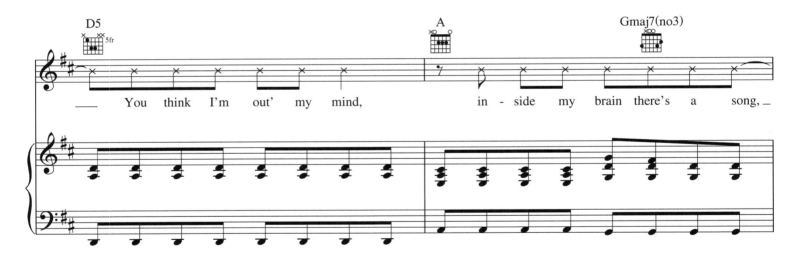

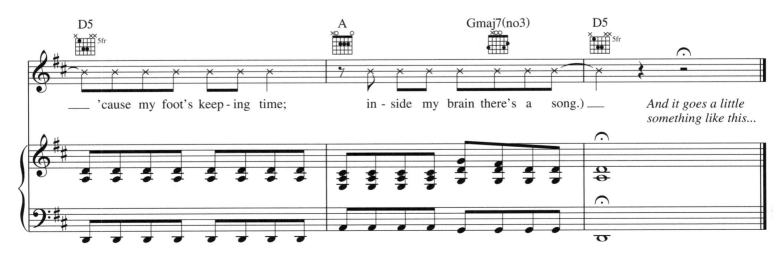

IT'S OK

Words and Music by ALI DEE THEODORE,
ALANA DA FONSECA and VINCENT T. ALFIERI

Very fast Rock

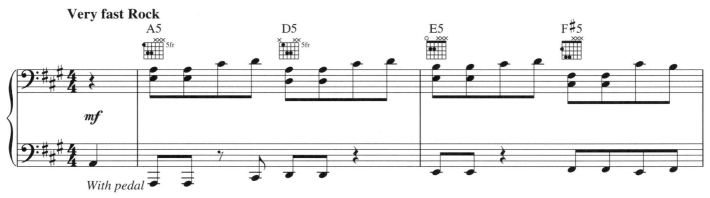

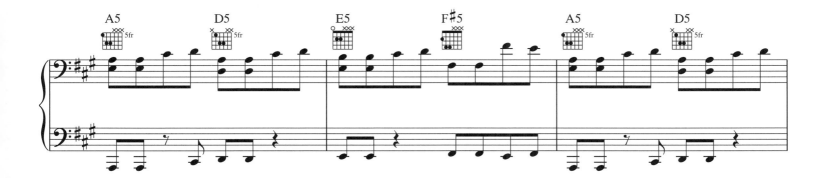

Some days are tough, ___ and you
Oh, why does it seem ___ that ev-'ry-

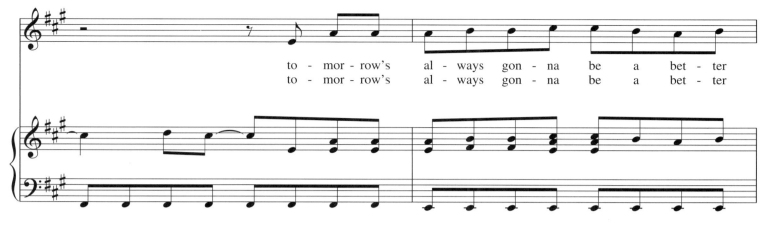

to - mor - row's al - ways gon - na be a bet - ter
to - mor - row's al - ways gon - na be a bet - ter

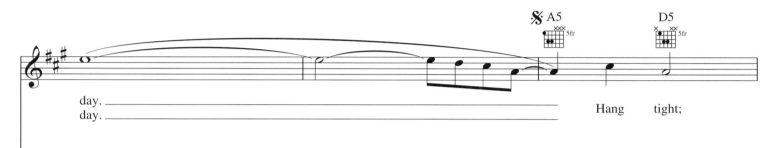

day. _____ Hang tight;
day. _____

just hold _ on. Get tough; you know you've got - ta be strong. _

___ Just know to - mor - row, you will see, _ it - 'll be _

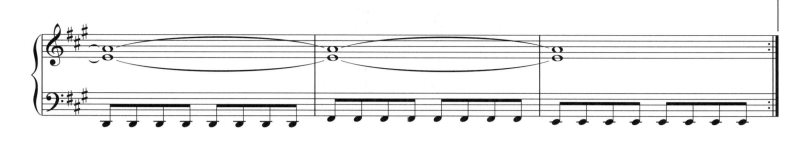

-row will all ___ go a - way. ___ Lean, ___ lean ___

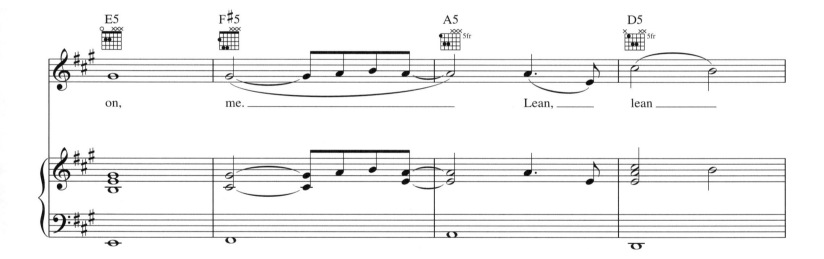

on, me. ___ Lean, ___ lean ___

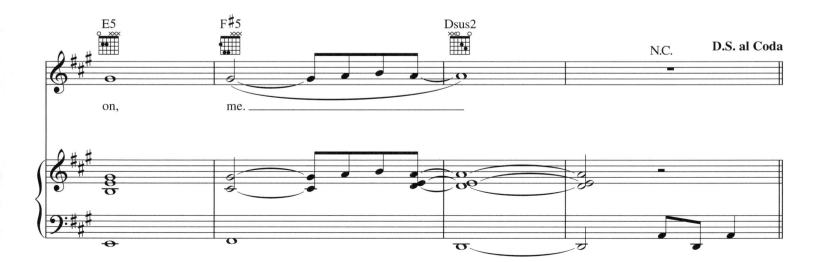

on, me. ___

D.S. al Coda

- row will all ___ go a - way. ___

It -'ll all ___ go a - way. ___

Lead Vocal continues ad lib.

It -'ll all ___ go a - way. ___

It -'ll all ___ go a - way. ___

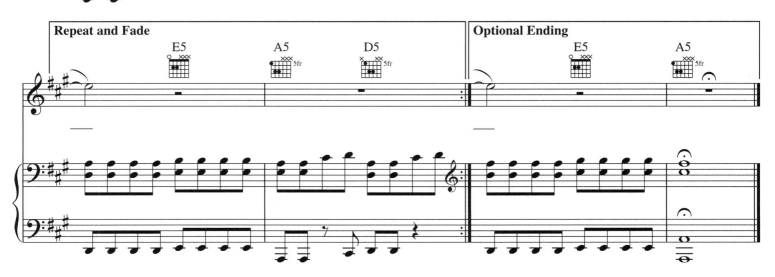

Repeat and Fade

Optional Ending

SHAKE YOUR GROOVE THING

Words and Music by DINO FEKARIS
and FREDDIE PERREN

Bright, with a steady beat

Opt. 8vb throughout

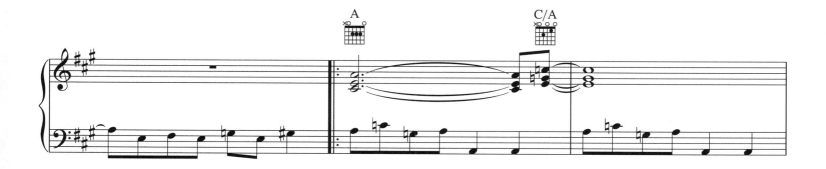

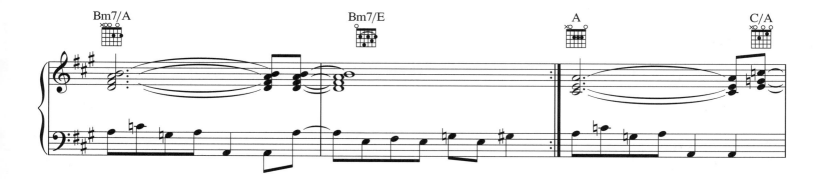

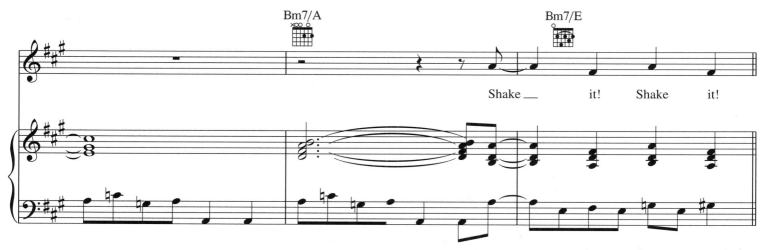

Shake __ it! Shake it!

Funk - y sounds wall __ to wall, __ we're bump-in' boot-ies, hav-
Feel __ the beat, nev - er stop, __ oh, hold me tight, spin

in' us a ball, __ y'all. __ Shake your groove thing, __ shake your groove thing, __ yeah, yeah!
me like a top! __

Show 'em how you do it now. Shake your groove thing, __

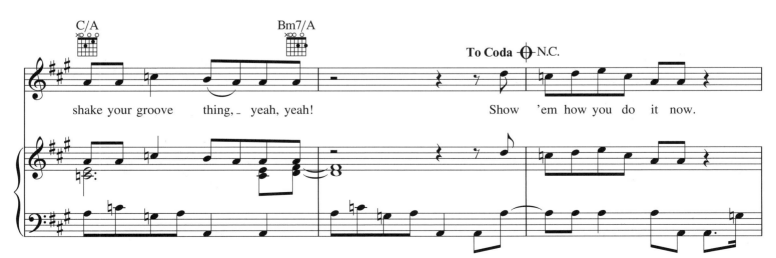

shake your groove thing, __ yeah, yeah! Show 'em how you do it now.

D.S. al Coda

CODA

'em how you do it now.   There's noth-ing more   that   I'd like to do

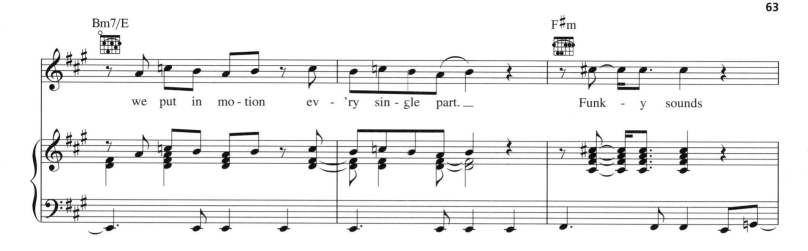

we put in mo - tion ev - 'ry sin - gle part. __ Funk - y sounds

wall __ to wall, __ we're bump-in' boot-ies hav - in' us a ball, __ y'all. __

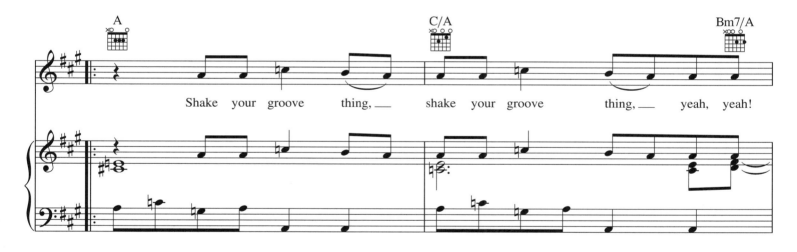

Shake your groove thing, __ shake your groove thing, __ yeah, yeah!

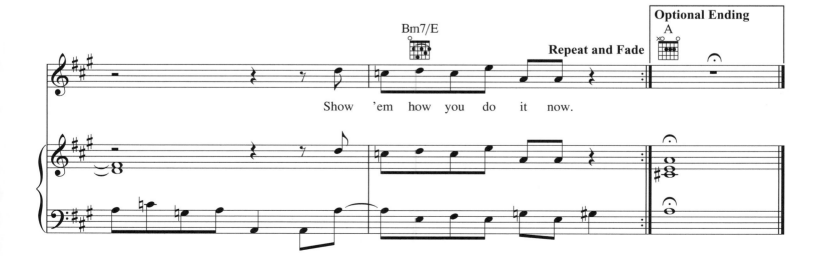

Show 'em how you do it now.

PUT YOUR RECORDS ON

Words and Music by JOHN BECK,
STEVEN CHRISANTHOU and CORINNE BAILEY RAE

Moderately

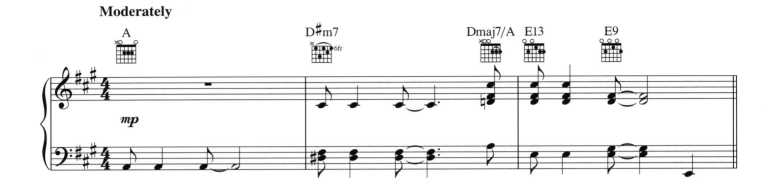

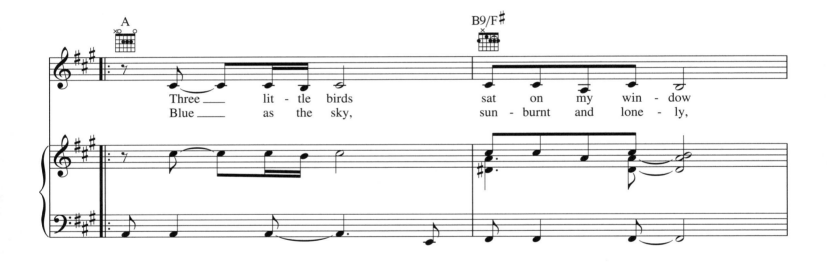

Three ___ lit - tle birds sat on my win - dow
Blue ___ as the sky, sun - burnt and lone - ly,

and they told me I don't need to wor - ry. ___
sip - pin' tea in a bar by the road - side. ___

Sum - mer came like cin - na - mon, so _____ sweet.
Don't you let those oth - er boys fool _____ you,

Lit - tle girls dou - ble dutch on the con - crete. _____ May - be some-
got - ta love that _____ Af - ro _____ hair - do. _____ May - be some-

- times _____ we _____ got it wrong, but it's al - right. _____ The more _
- times _____ we _____ feel a - fraid, but it's al - right. _____ The more _

_____ things seem _____ to change, _____ the more _____ they stay the same. Oo, _____
_____ you stay _____ the same, _____ the more _____ they seem to change.

don't you hes - i - tate.
Don't you think it's strange? } Girl, put your rec - ords on. _____ Tell me your fav -'rite song. _

You go a - head, let your hair ___ down. ___ Sap - phire and fad - ed jeans, _

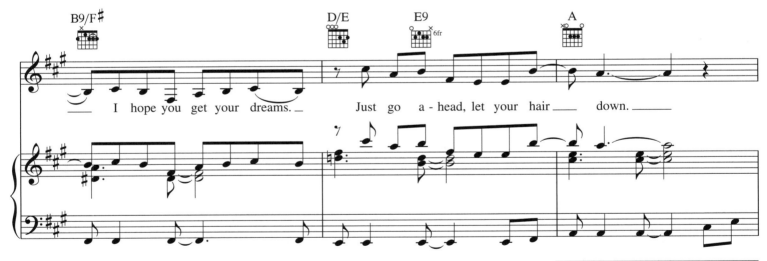

___ I hope you get your dreams. _ Just go a - head, let your hair ___ down. ___

You're gon - na find your - self some - where, some - how. _

'Twas more than I could take, __ pit - y for pit-y's sake. __ Some nights kept me a - wake, __

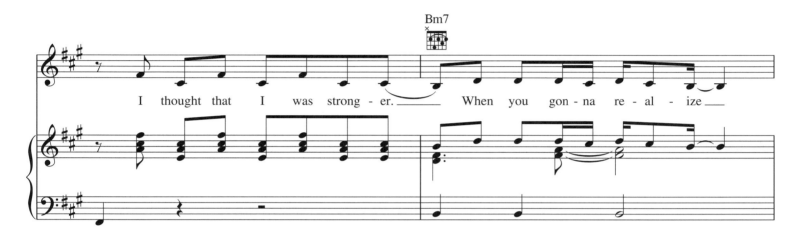

I thought that I was strong - er. __ When you gon - na re - al - ize __

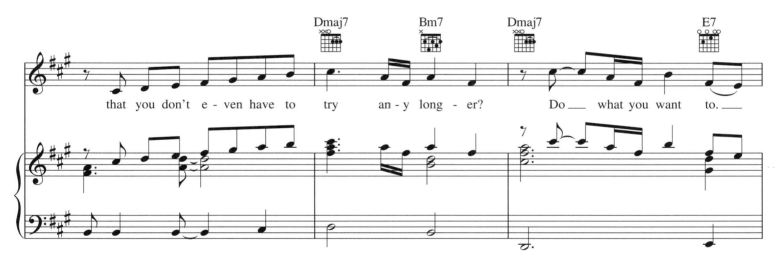

that you don't e - ven have to try an - y long - er? Do __ what you want to. __

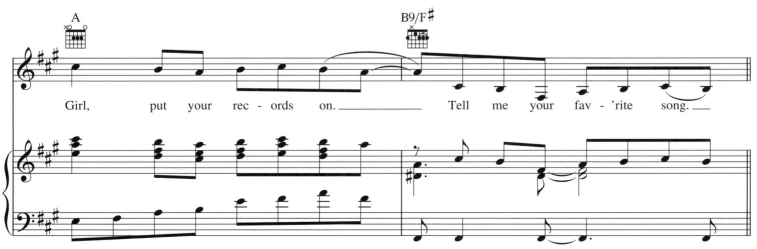

Girl, put your rec - ords on. __ Tell me your fav - 'rite song. __

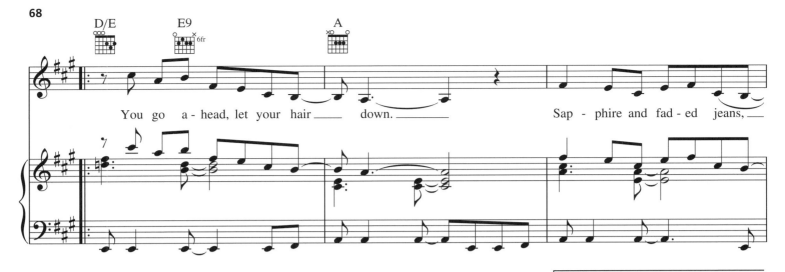

You go a - head, let your hair ___ down. ___ Sap - phire and fad - ed jeans, ___

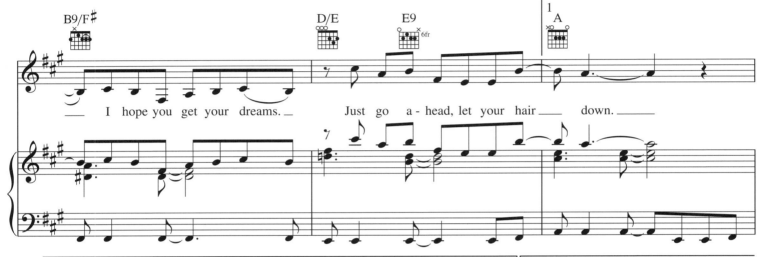

___ I hope you get your dreams. ___ Just go a - head, let your hair ___ down. ___

Girl, put your rec - ords on. ___ Tell me your fav - 'rite song. ___ ___ down. ___ Oo, ___

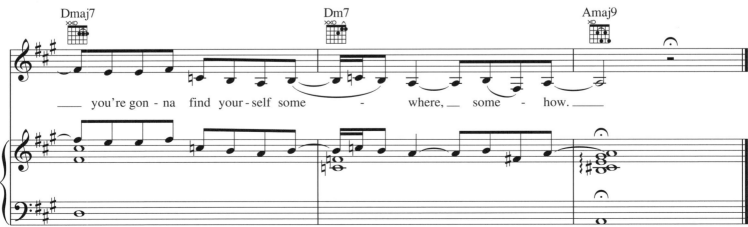

___ you're gon - na find your - self some - where, ___ some - how. ___

I WANT TO KNOW WHAT LOVE IS

Words and Music by
MICK JONES

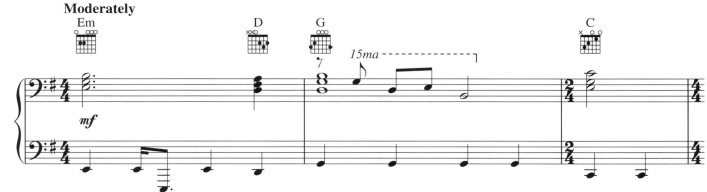

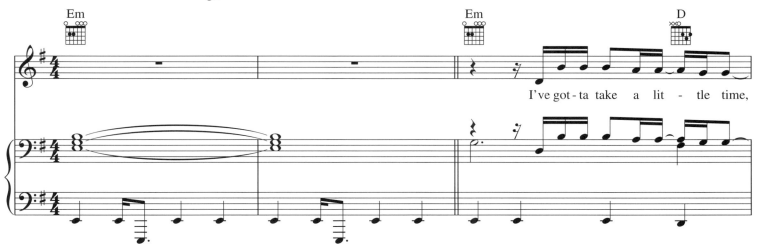

I've got-ta take a lit-tle time,

a lit-tle time to think _ things o-ver.

I bet-ter read be-tween _ the lines, ___ in case I

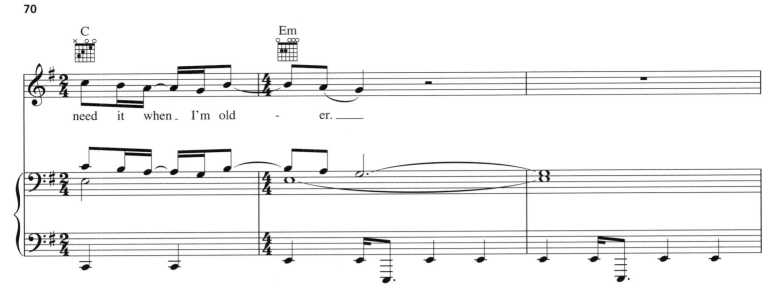

need it when I'm old - er.

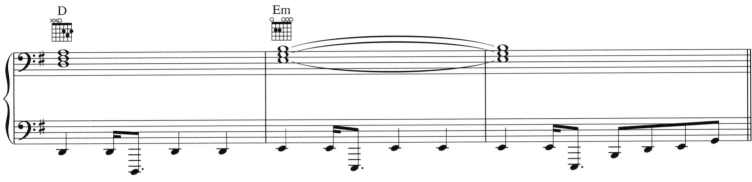

Now, this mountain I must climb
I'm gon-na take a lit-tle time,

feels like the world up-on my shoul -
a lit-tle time to look a-round

- ders.
me.

Through the clouds I see love shine.
I've got no-where left to hide.

It keeps me
It looks like

WE ARE FAMILY

Words and Music by NILE RODGERS
and BERNARD EDWARDS

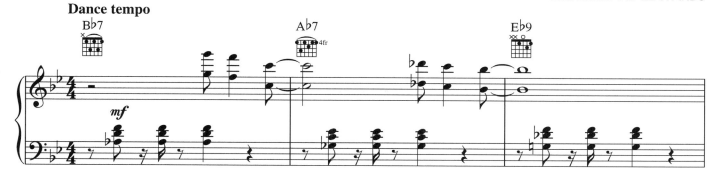

(Yeah, yeah, yeah, ___ yeah, yeah, yeah.) ___

Ev - 'ry - one ___ can see ___ we're to - geth -

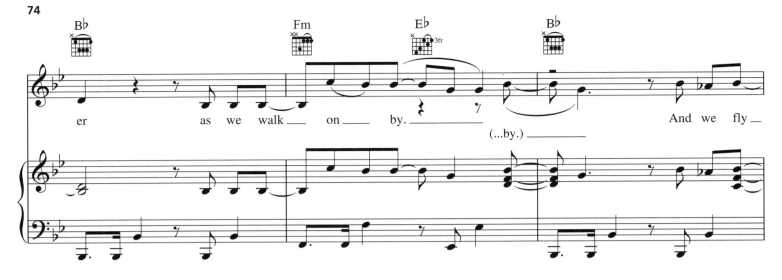

er   as we walk __ on __ by. _____ And we fly __

(...by.) _____

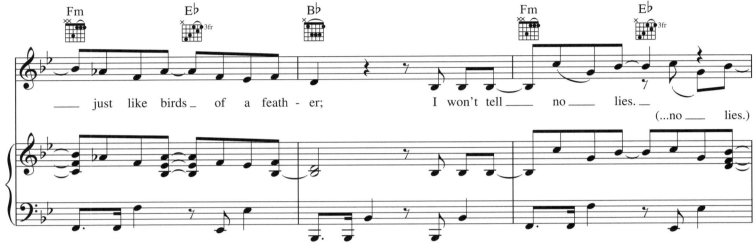

__ just like birds __ of a feath - er;   I won't tell ___ no ___ lies.

(...no ___ lies.)

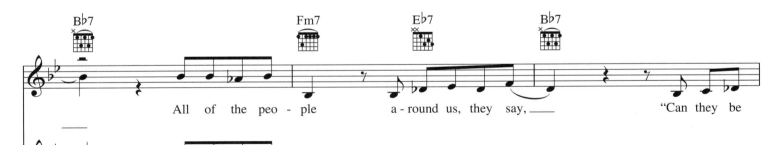

All of the peo - ple   a - round us, they say, ___   "Can they be

that close?" __   Just let me state for the rec - ord:

(...rec - ord, rec - ord.)

we're giv-ing love like a fam-'ly does, oh, __ yeah. We are fam-i-ly;

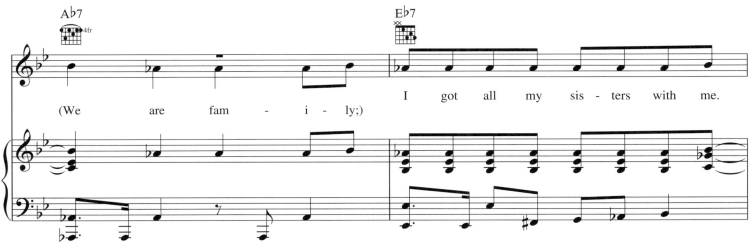

(We are fam-i-ly;) I got all my sis-ters with me.

(I got all my sis-ters with me.) We are fam-i-ly; (We are fam-i-ly.) __

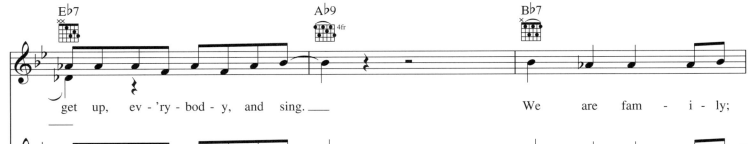

get up, ev-'ry-bod-y, and sing. __ We are fam-i-ly;

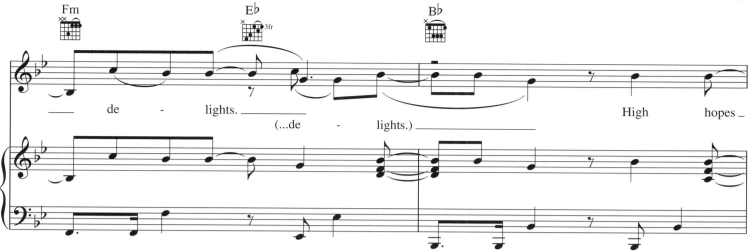

de - lights. (...de - lights.) High hopes

we have for the fu - ture, and our goal's in sight.

But, we don't get de - pressed; for here's what we call our gold-

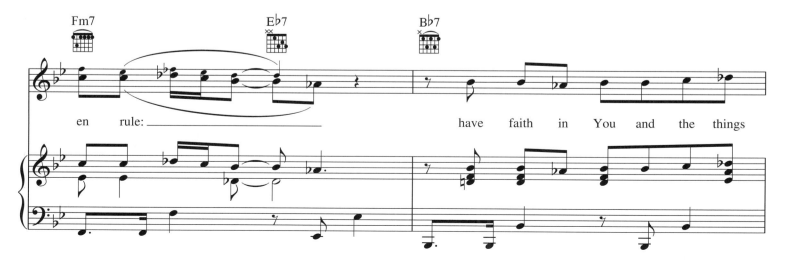

en rule: have faith in You and the things

you do, you won't go wrong,__ oh no. This is our fam - 'ly jewel, yeah,__ yeah.__

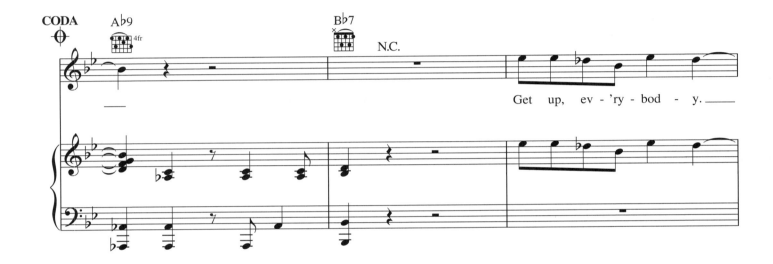

Get up, ev - 'ry - bod - y.__

Jump! Here we go.

We are fam - i - ly; (We are fam - i - ly;)

I got all my sis - ters with me. (I got all my sis - ters with me.) We are fam - i - ly;

(Fam - i - ly.) ___ get up, ev - 'ry - bod - y, and sing. ___

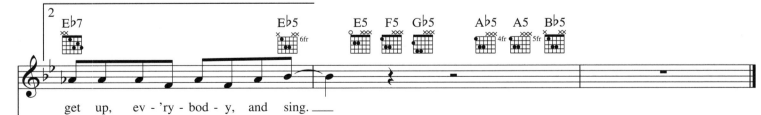

get up, ev - 'ry - bod - y, and sing. ___

NO ONE

Words and Music by ALICIA KEYS,
KERRY BROTHERS, JR. and GEORGE HARRY

Moderately, with a beat

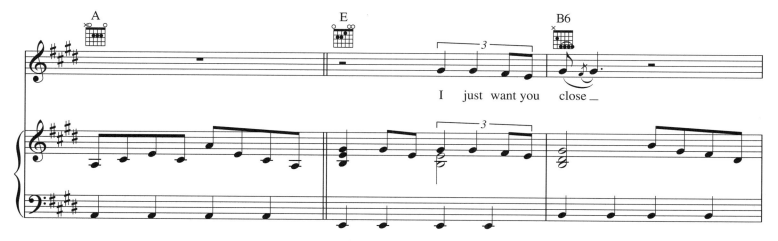

I just want you close

where you can stay for-ev-er. You can be

sure that it will on-ly get bet-ter.

You __ and me to - geth - er _____ through the days and nights. ___

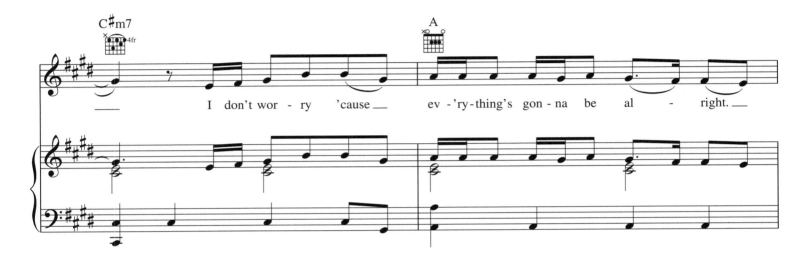

___ I don't wor - ry 'cause ___ ev -'ry - thing's gon - na be al - right. ___

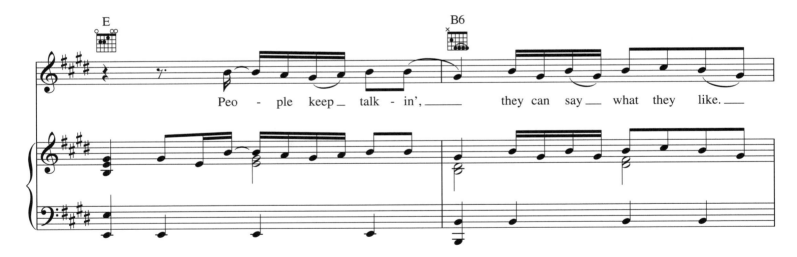

Peo - ple keep __ talk - in', _____ they can say __ what they like. ___

But __ all I know __ is ev -'ry - thing's gon-na be al - right. _____ And no __ one, no __

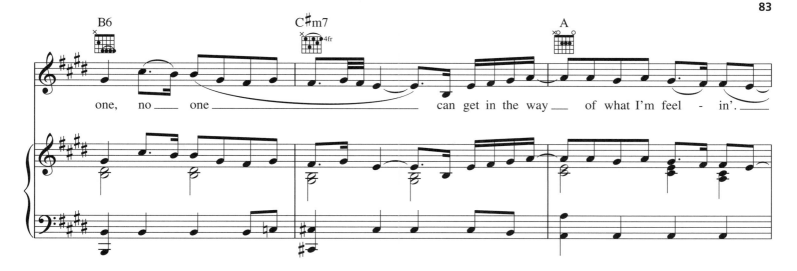

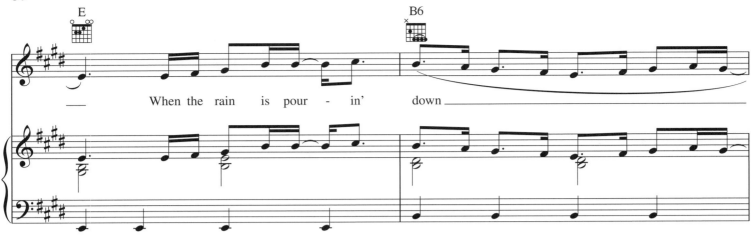

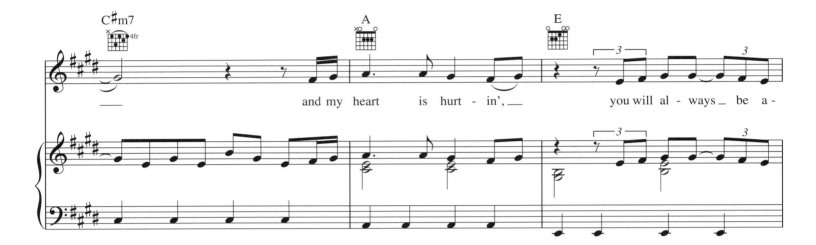

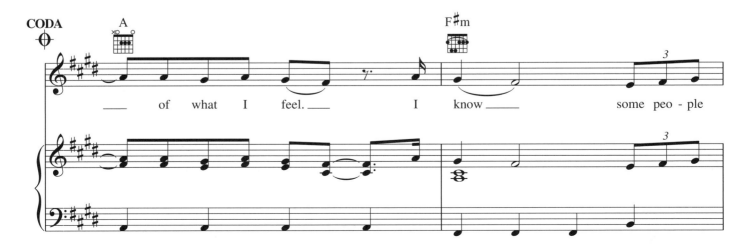

search the world to find _____ some-thin' like what we have. _____ I

know _____ peo-ple will try, try to di-vide some-thin' so real. _____ So, 'til the

end of time, I'm tell-ing you there ain't no one, _____ no _____ one, no _____ one _____

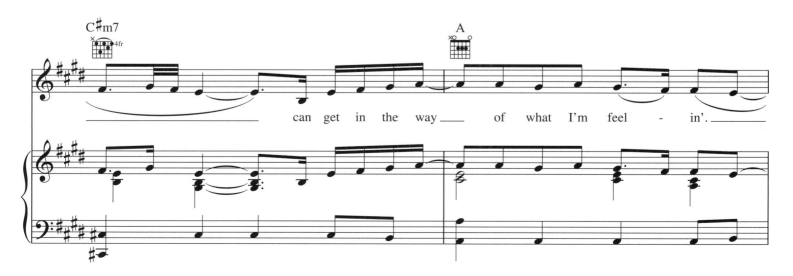

_____ can get in the way _____ of what I'm feel - in'. _____

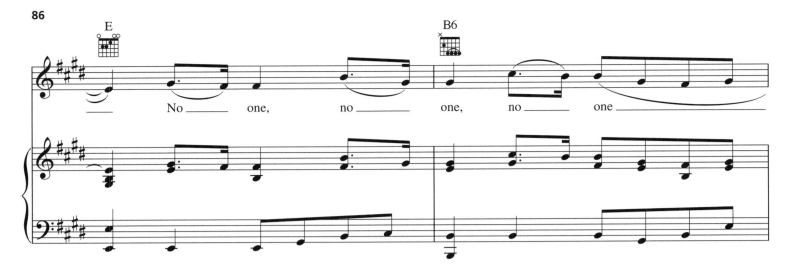

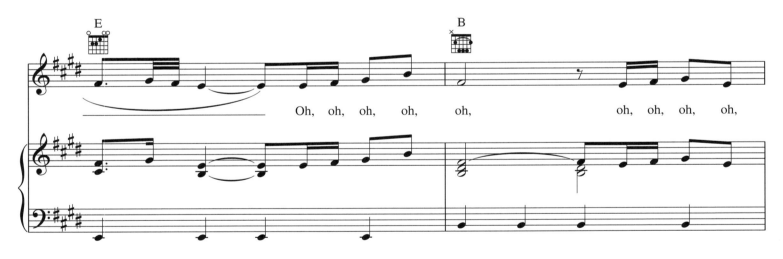

oh, oh, oh, oh, oh, oh, oh, oh, oh, oh, oh, ho, oh, ho, oh, ho, oh, ho,

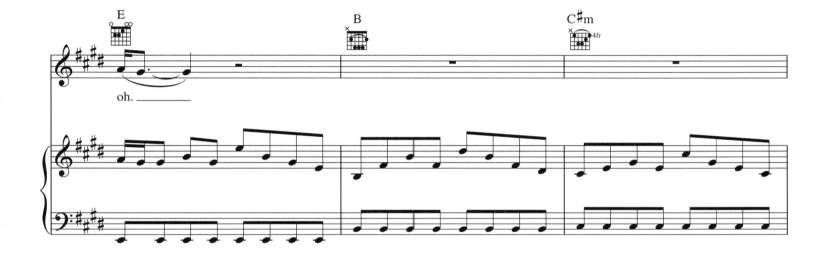

oh. _____

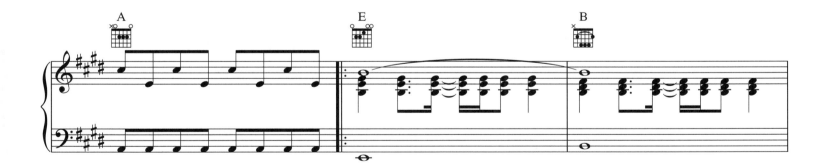

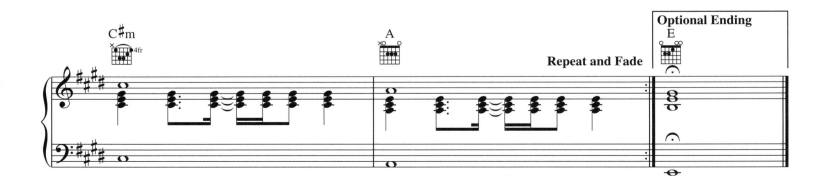

DAYDREAM BELIEVER

Words and Music by
JOHN STEWART

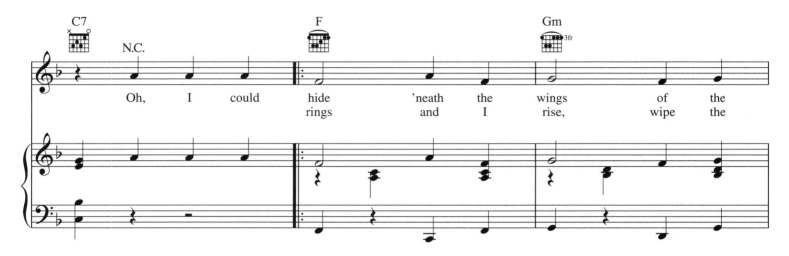

Oh, I could hide 'neath the wings of the
rings and I rise, wipe the the

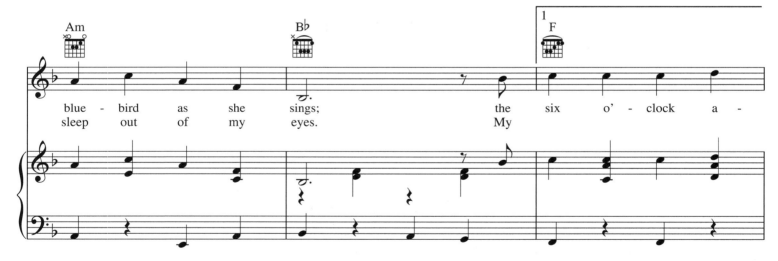

blue- bird as she sings; the six o'- clock a -
sleep out of my eyes. My

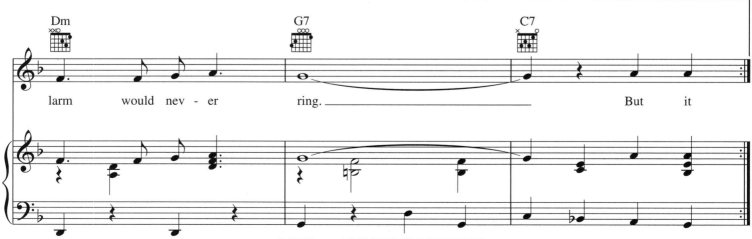

larm would nev- er ring. _____ But it

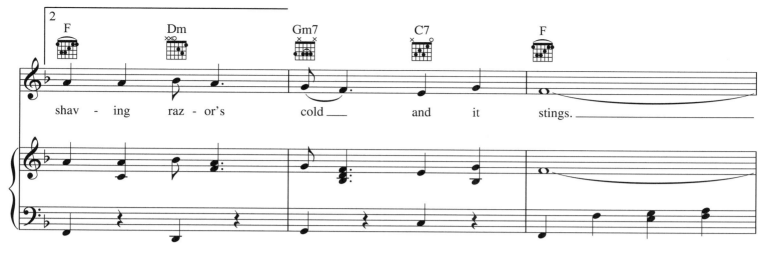

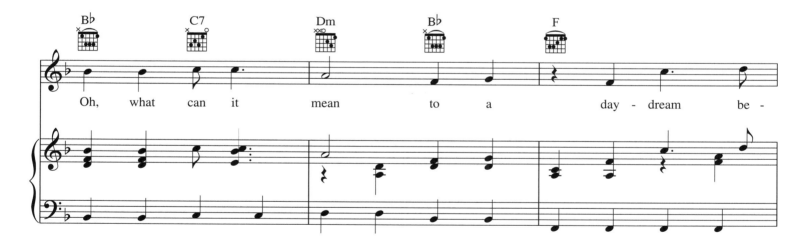

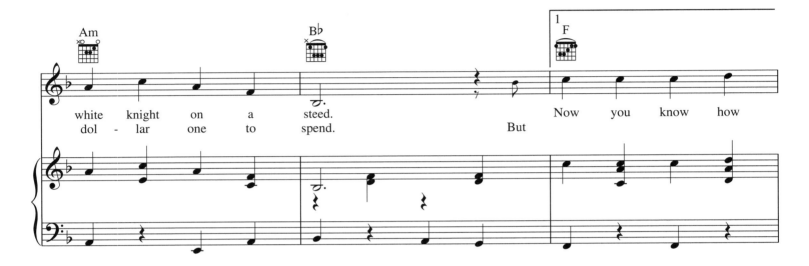

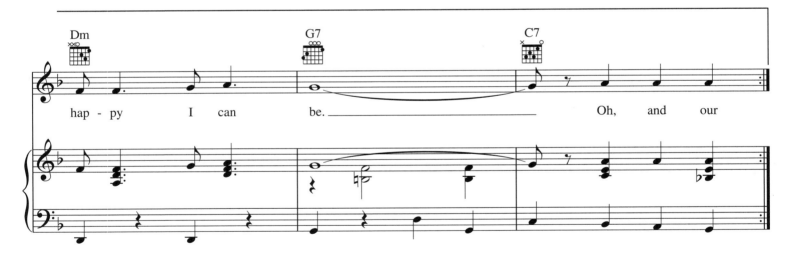

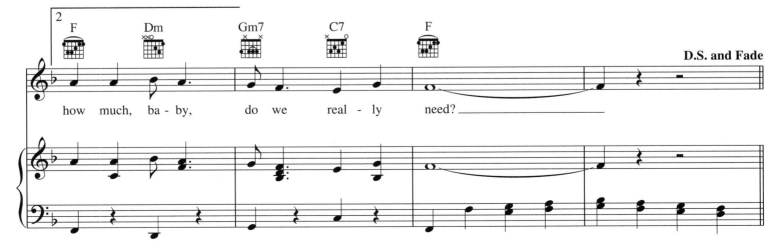

IN THE FAMILY

Words and Music by ALI DEE THEODORE,
ALANA DA FONSECA and JASON GLEED

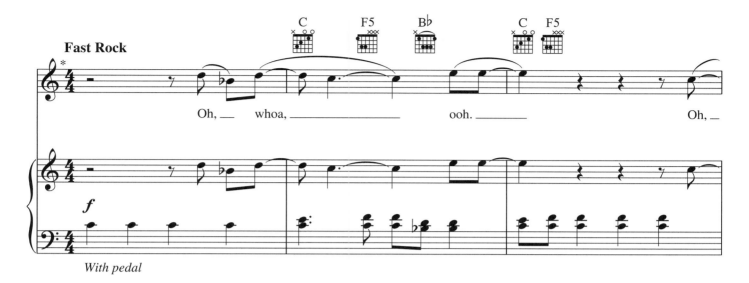

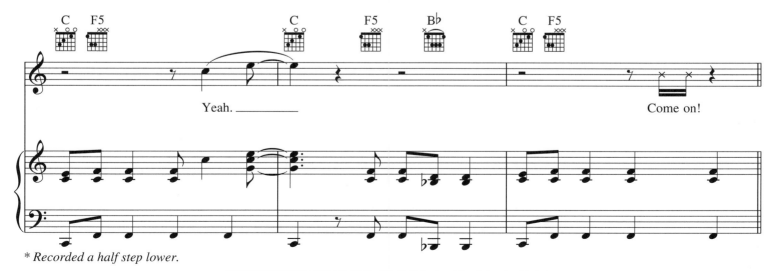

*Recorded a half step lower.

three. Ooh, when we looked at you, all that we saw was ev - 'ry - thing

we ev - er want - ed, ev - 'ry dream. time. *Boys:* It does-n't mat - ter if you ___ grew up ___

___ to - geth - er, a - part ___ for - ev - er, no; ___ *Girls:* All that you need ___

___ is some - one you love ___ with all ___ o' your heart, ___ yeah.

All: F - A - M - I - L - Y! __ (Whoa.) _ We're to-geth-er now and keep-ing it there; _____ F - A - M - I - L - Y! __ (Whoa.) _

'Cause you know we'll nev - er leave your side. _____

Boys: Oh, we're your broth-ers now; we'll nev-er let you down. We'll be here by your side,

for - ev - er till the end of time.
Girls: And we're your sis - ters too;

D.S. al Coda

there's noth - ing we won't do for an - y one of you, for - ev - er, till the end of

CODA   C   F5   A♭5

leave your side. _____ *Boys:* Sis - ter from an - oth - er mis - ter.

F5

Girls: Broth - er from an - oth - er moth - er. *Boys:* No, I was - n't brought up with her,

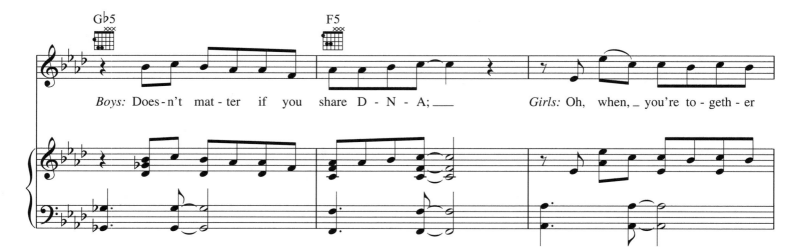

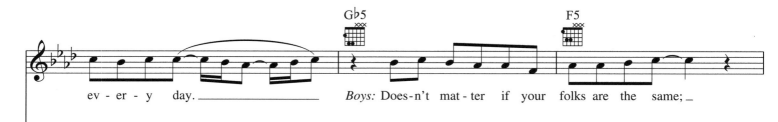

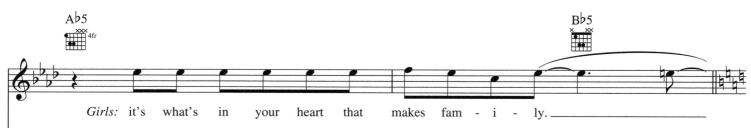

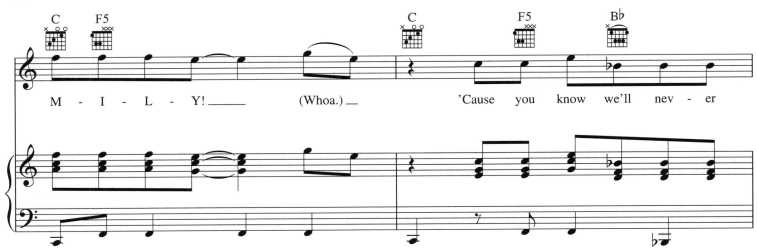

M - I - L - Y! _____ (Whoa.) _____ 'Cause you know we'll nev - er

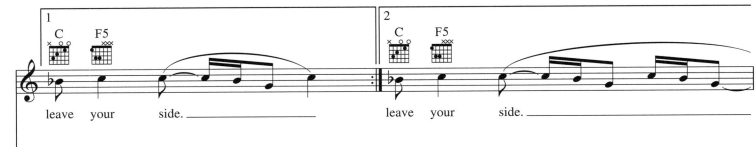

leave your side. _____ leave your side. _____

Mm, __ ooh. _____ *Lead vocal ad lib.*

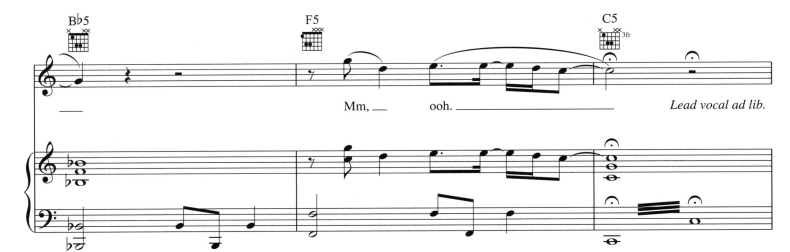

I GOTTA FEELING

Words and Music by WILL ADAMS,
ALLAN PINEDA, JAIME GOMEZ,
STACY FERGUSON, DAVID GUETTA
and FREDERIC RIESTERER

Moderately fast

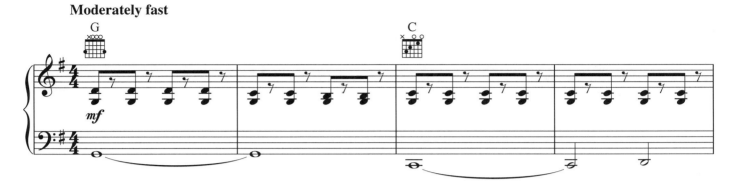

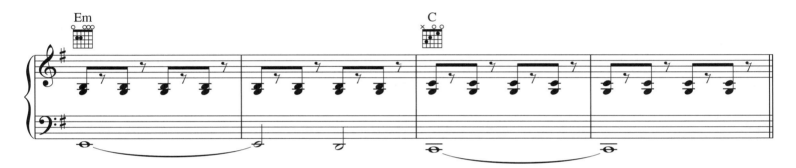

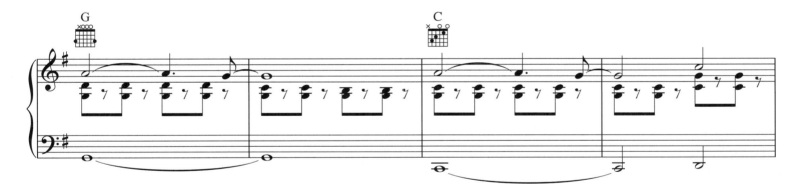

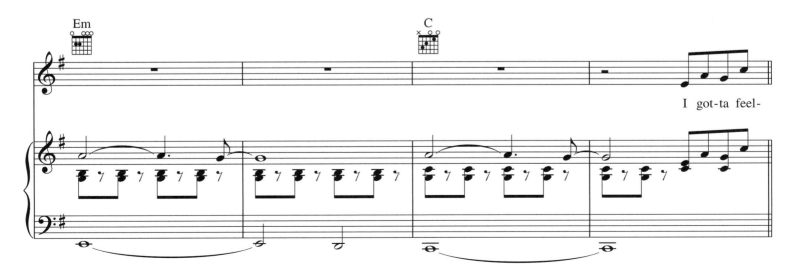

I got-ta feel-

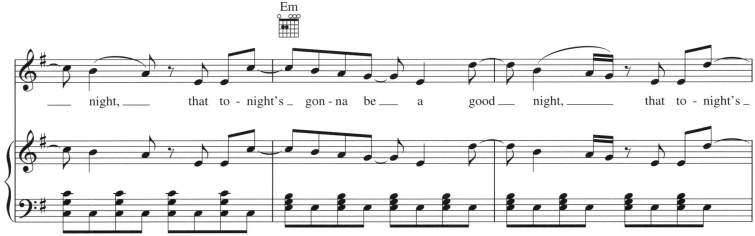

gon- na be __ a good __ night, _____ that to - night's __ gon- na be __ a good, __

__ good night. __ A feel - __ good night. ____ To-night's the night.

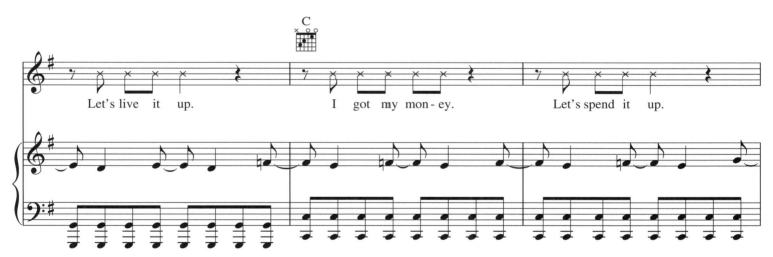

Let's live it up. I got my mon- ey. Let's spend it up.

Go out and smash it. Like, oh my God, jump off that so- fa.

Let's get, get off. I ____ know that we'll ____ have a ball ____ if we get ____

____ down and go ____ out and just ____ lose it all. ____ I feel stressed ____ out. I wan-

-na let go. Let's go way ____ out, spaced ____ out and los- ing all con- trol. (Ch - ch - ch - ch.)

Fill up my cup. Ma - zel tov! Look at her danc- ing;

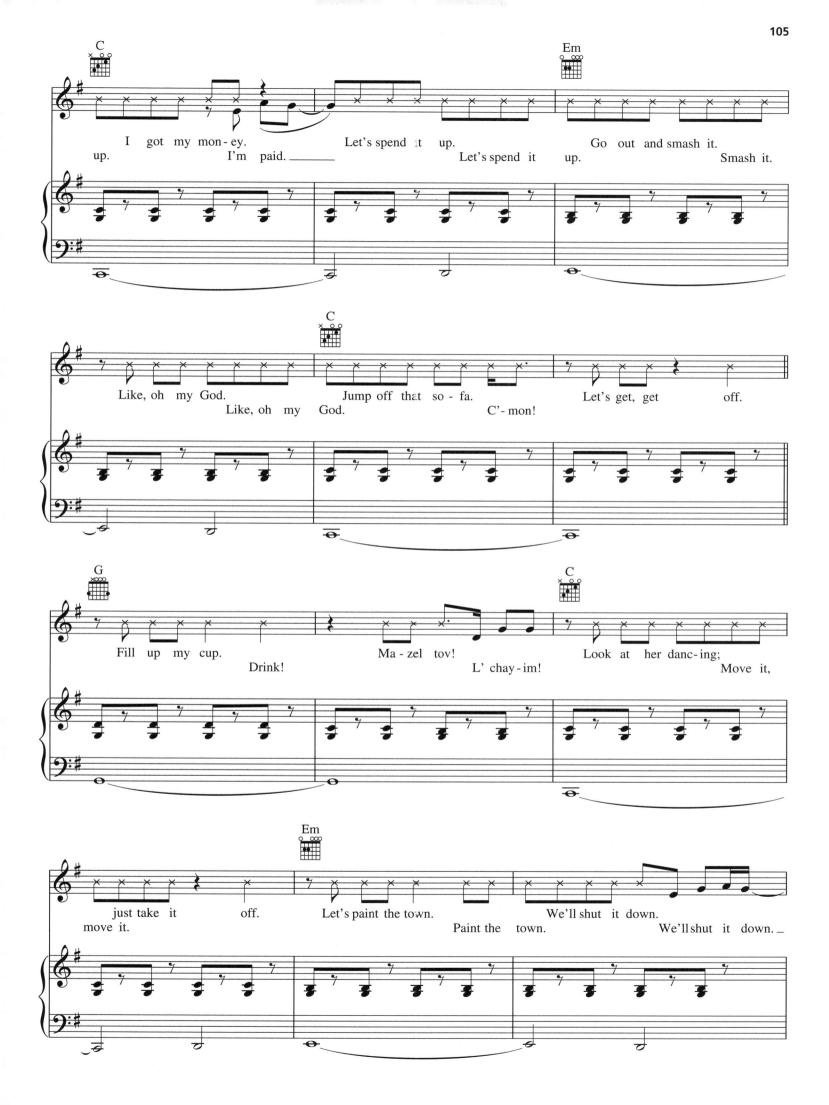

Let's burn the roof,
_____ Woo. _____
and then we'll do it a - gain. _____ Let's do it, let's

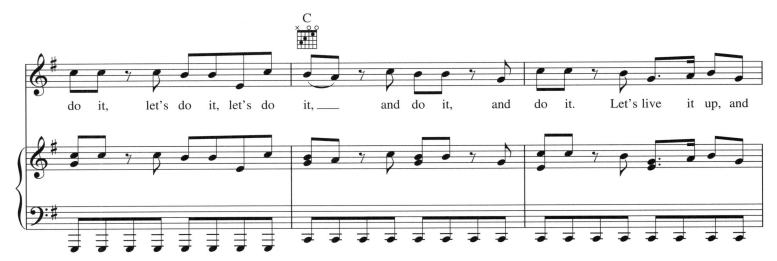

do it, let's do it, let's do it, ___ and do it, and do it. Let's live it up, and

do it, and do it, and do it, do it, do it. Let's do it. Let's do it. Let's

do it, do it, do it, do it. Here we come, here we go. We got-ta rock.

Par - ty ev -'ry day. P - P - P - Par - ty ev -'ry day. And I'm feel - ing

(Woo

hoo.)

that to - night's_ gon - na be_ a good_ night,_ that to - night's_

_ gon - na be_ a good_ night,_ that to - night's_ gon - na be_ a good, _

_ good night._ A feel - good night._ (Woo hoo.)